This book belongs to

....

b small

Published by b small publishing ltd.
www.bsmall.co.uk
© b small publishing ltd. 2024

1 2 3 4 5

All rights reserved.
No reproduction, copy or transmission of this publication may be made without written permission. No part of this publication may be reproduced, stored in a retrieval system or transmitted in any form or by any means, electronic, mechanical, photocopying, recording or otherwise, without the prior permission of the publisher.

Printed in China by WKT Co. Ltd. on FSC-certified paper, supporting responsible forestry.

Editorial: Sam Hutchinson
Design: Vicky Barker

ISBN 978-1-916851-18-4

British Library Cataloguing-in-Publication Data.
A catalogue record for this book is available from the British Library.

MY FIRST SPANISH PICTURE WORD BOOK

WRITTEN BY CATHERINE BRUZZONE   ILLUSTRATED BY VICKY BARKER
SPANISH ADVISER: ROSA MARÍA MARTÍN

b small

Índice
Contents

🦆	**Los animales** Animals	4
🕐	**En casa** At home	8
👞	**La ropa** Clothes	10
🍎	**Los colores** Colours	14
👧	**La familia** Family	18

La comida Food	20
Los números Numbers	22
Los juguetes Toys	26
El transporte Transport	28
El tiempo Weather	32
Los animales salvajes Wild animals	36

Vocabulario Word list   40

Los animales Animals

el gato
cat

el ratón
mouse

el caballo
horse

el perro
dog

el pato
duck

la vaca
cow

el conejo
rabbit

el pez
fish

la oveja
sheep

la gallina
chicken

la cabra
goat

el ganso
goose

el cerdo
pig

En casa At home

la ventana
window

el reloj
clock

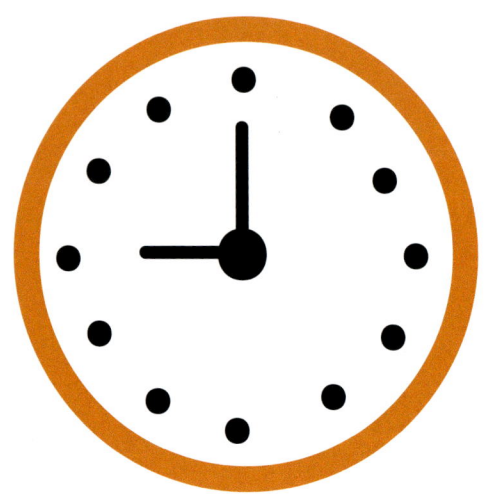

la puerta
door

la cama
bed

el frigorífico
fridge

la bañera
bath

la ducha
shower

la luz
light

el agua
water

La ropa Clothes

la falda
skirt

la camiseta interior
vest

el suéter
sweater

la camiseta
T-shirt

Los colores Colours

verde
green

rojo
red

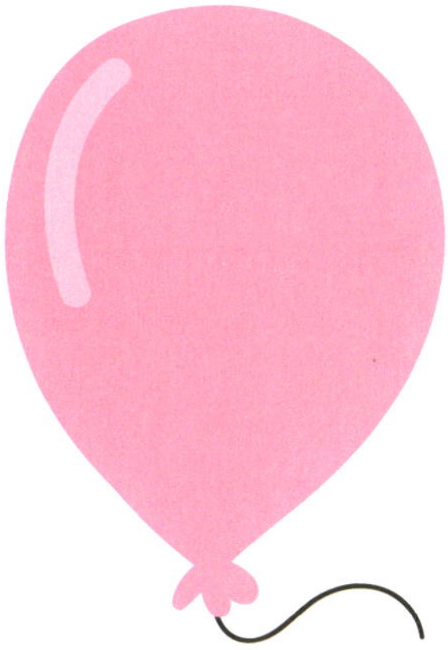

rosa
pink

negro
black

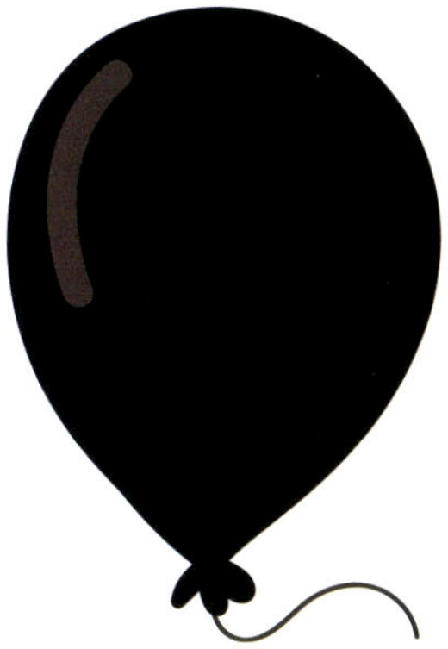

blanco
white

15

amarillo
yellow

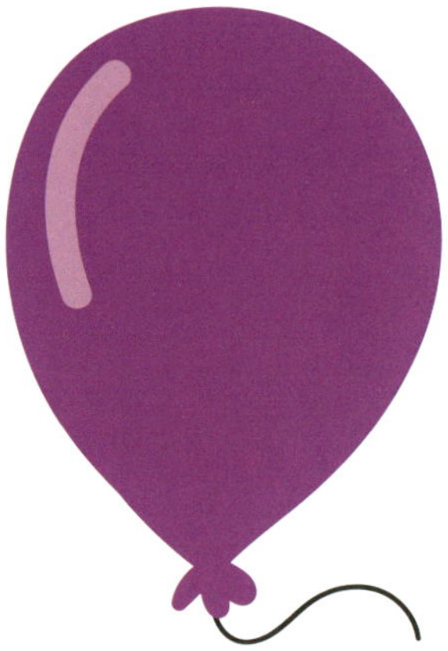

morado
purple

naranja
orange

16

La familia Family

la madre
mother

el padre
father

el hermano
brother

la hermana
sister

la abuela
grandmother

el abuelo
grandfather

la tía
aunt

el tío
uncle

La comida Food

el pan
bread

la carne
meat

la fruta
fruit

las verduras
vegetables

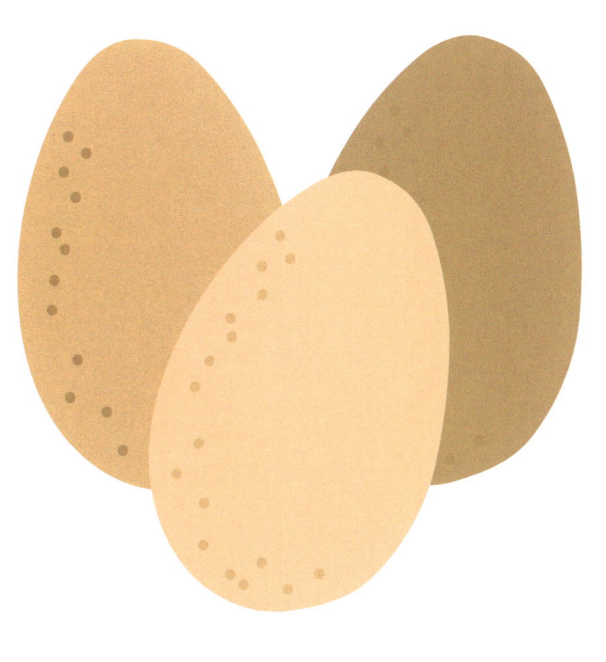

los huevos
eggs

el helado
ice-cream

la leche
milk

el queso
cheese

Los números Numbers

1 uno
one

2 dos
two

3 tres
three

4 cuatro
four

5 cinco
five

6 seis
six

7 siete
seven

8 ocho
eight

9 nueve
nine

10 diez
ten

25

Los juguetes Toys

la pelota
ball

el osito
teddy bear

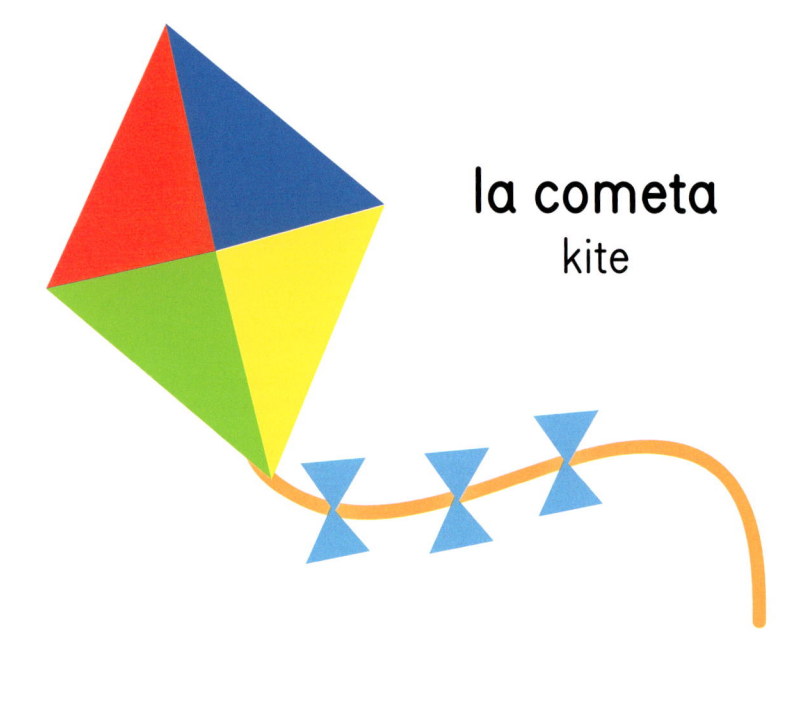

la cometa
kite

los cubos
blocks

la muñeca
doll

el rompecabezas
jigsaw

los lápices de colores
coloured pencils

el libro
book

El transporte Transport

la bicicleta
bicycle

la moto
motorbike

el autobús
bus

el coche
car

el coche de policía
police car

el avión
aeroplane

la ambulancia
ambulance

el tren
train

el tractor
tractor

el coche de bomberos
fire engine

30

el camión
truck

la excavadora
digger

el barco
boat

El tiempo Weather

el sol
sun

la lluvia
rain

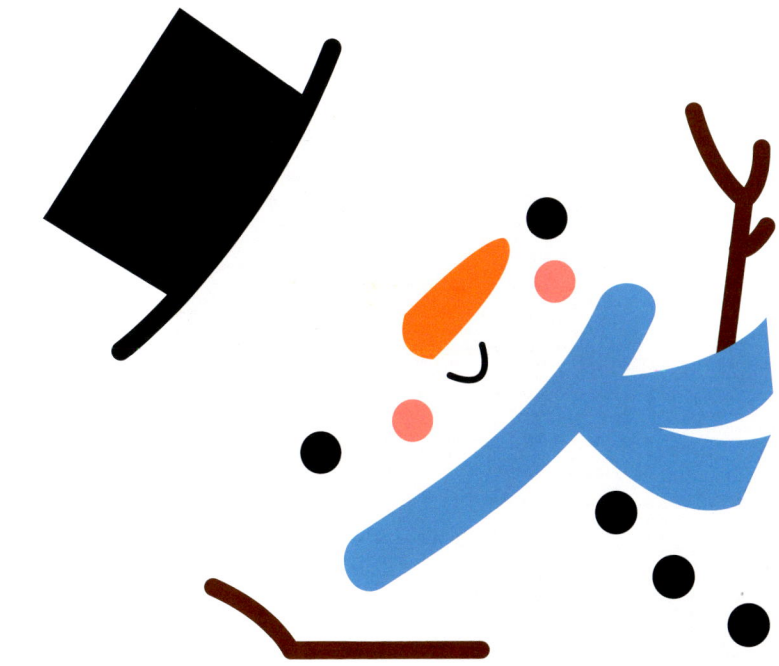

la nieve
snow

la nube
cloud

el viento
wind

la tormenta
storm

el trueno
thunder

la niebla
fog

el hielo
ice

Los animales salvajes
Wild animals

la serpiente
snake

el hipopótamo
hippopotamus

la jirafa
giraffe

el tigre
tiger

el elefante
elephant

el oso pardo
brown bear

el pingüino
penguin

la cebra
zebra

el mono
monkey

el león
lion

el cocodrilo
crocodile

el canguro
kangaroo

el oso polar
polar bear

el panda
panda

39

Vocabulario Word list

español – inglés   Spanish – English

el abrigo coat
la abuela grandmother
el abuelo grandfather
el agua water
amarillo yellow
la ambulancia ambulance
los animales animals
los animales salvajes wild animals
el arco iris rainbow
el autobús bus
el avión aeroplane
azul blue
la bañera bath
el barco boat
la bicicleta bicycle
blanco white
el caballo horse
la cabra goat
los calcetines socks
la cama bed
el camión truck
la camisa shirt
la camiseta T-shirt
la camiseta interior vest
el canguro kangaroo
la carne meat
la casa home
la cebra zebra
el cerdo pig
la chaqueta cardigan
cinco five
el coche car
el coche de bomberos fire engine

el coche de policía police car
el cocodrilo crocodile
los colores colours
la cometa kite
la comida food
el conejo rabbit
cuatro four
los cubos blocks
diez ten
dos two
la ducha shower
el elefante elephant
la excavadora digger
la falda skirt
la familia family
el frigorífico fridge
la fruta fruit
la gallina chicken
el ganso goose
el gato cat
gris grey
el helado ice-cream
la hermana sister
el hermano brother
el hielo ice
el hipopótamo hippopotamus
los huevos eggs
la jirafa giraffe
los juguetes toys
los lápices de colores coloured pencils
la leche milk
el león lion
el libro book

la lluvia rain
la luz light
la madre mother
marrón brown
el mono monkey
morado purple
la moto motorbike
la muñeca doll
naranja orange
negro black
la niebla fog
la nieve snow
la nube cloud
nueve nine
los números numbers
ocho eight
el osito teddy bear
el oso pardo brown bear
el oso polar polar bear
la oveja sheep
el padre father
el pan bread
el panda panda
el pantalón trousers
los pantalones cortos shorts
el pato duck
la pelota ball
el perro dog
el pez fish
el pijama pyjamas
el pingüino penguin
la puerta door
el queso cheese
el ratón mouse

el relámpago lightning
el reloj clock
rojo red
el rompecabezas jigsaw
la ropa clothes
rosa pink
seis six
la serpiente snake
siete seven
el sol sun
el sombrero hat
el suéter sweater
la tía aunt
el tío uncle
el tiempo weather
el tigre tiger
la tormenta storm
el tractor tractor
el transporte transport
el tren train
tres three
el trueno thunder
uno one
la vaca cow
la ventana window
verde green
las verduras vegetables
el vestido dress
el viento wind
los zapatos shoes

inglés – español   English – Spanish

aeroplane el avión	**doll** la muñeca	**lightning** el relámpago	**snow** la nieve
ambulance la ambulancia	**door** la puerta	**lion** el león	**socks** los calcetines
animals los animales	**dress** el vestido	**meat** la carne	**storm** la tormenta
aunt la tía	**duck** el pato	**milk** la leche	**sun** el sol
ball la pelota	**eggs** los huevos	**monkey** el mono	**sweater** el suéter
bath la bañera	**eight** ocho	**mother** la madre	**teddy bear** el osito
bed la cama	**elephant** el elefante	**motorbike** la moto	**ten** diez
bicycle la bicicleta	**family** la familia	**mouse** el ratón	**three** tres
black negro	**father** el padre	**nine** nueve	**thunder** el trueno
blocks los cubos	**fire engine** el coche de bomberos	**numbers** los números	**tiger** el tigre
blue azul	**fish** el pez	**one** uno	**toys** los juguetes
boat el barco	**five** cinco	**orange** naranja	**tractor** el tractor
book el libro	**fog** la niebla	**panda** el panda	**train** el tren
bread el pan	**food** la comida	**penguin** el pingüino	**transport** el transporte
brother el hermano	**four** cuatro	**pig** el cerdo	**trousers** el pantalón
brown marrón	**fridge** el frigorífico	**pink** rosa	**truck** el camión
brown bear el oso pardo	**fruit** la fruta	**polar bear** el oso polar	**T-shirt** la camiseta
bus el autobús	**giraffe** la jirafa	**police car** el coche de policía	**two** dos
car el coche	**goat** la cabra	**purple** morado	**uncle** el tío
cardigan la chaqueta	**goose** el ganso	**pyjamas** el pijama	**vegetables** las verduras
cat el gato	**grandfather** el abuelo	**rabbit** el conejo	**vest** la camiseta interior
cheese el queso	**grandmother** la abuela	**rain** la lluvia	**water** el agua
chicken la gallina	**green** verde	**rainbow** el arco iris	**weather** el tiempo
clock el reloj	**grey** gris	**red** rojo	**white** blanco
clothes la ropa	**hat** el sombrero	**seven** siete	**wild animals** los animales salvajes
cloud la nube	**hippopotamus** el hipopótamo	**sheep** la oveja	
coat el abrigo	**home** la casa	**shirt** la camisa	**wind** el viento
coloured pencils los lápices de colores	**horse** el caballo	**shoes** los zapatos	**window** la ventana
	ice el hielo	**shorts** los pantalones cortos	**yellow** amarillo
colours los colores	**ice-cream** el helado	**shower** la ducha	**zebra** la cebra
cow la vaca	**jigsaw** el rompecabezas	**sister** la hermana	
crocodile el cocodrilo	**kangaroo** el canguro	**six** seis	
digger la excavadora	**kite** la cometa	**skirt** la falda	
dog el perro	**light** la luz	**snake** la serpiente